# This Recipe book belongs to

...........................................................

# Recipe:

**Serving:** _____     **Prep Time:** _____

**Cook Time:** _____     **Temperature:** _____

## Ingredients:

_____

_____

_____

_____

_____

_____

_____

_____

_____

_____

_____

_____

_____

_____

_____

_____

## Methods:

_____

_____

_____

_____

_____

_____

_____

_____

_____

_____

_____

_____

_____

_____

_____

_____

**Wine Pairing:** _____

**From the Kitchen of:** _____

Recipe: _____

Serving: _____     Prep Time: _____

Cook Time: _____     Temperature: _____

Ingredients:

_____
_____
_____
_____
_____
_____
_____
_____
_____
_____
_____
_____
_____

Methods:

_____
_____
_____
_____
_____
_____
_____
_____
_____
_____
_____
_____
_____

Wine Pairing: _____

From the Kitchen of: _____

Recipe: _____

Serving: _____     Prep Time: _____

Cook Time: _____     Temperature: _____

Ingredients:

_____
_____
_____
_____
_____
_____
_____
_____
_____
_____
_____
_____
_____
_____

Methods:

_____
_____
_____
_____
_____
_____
_____
_____
_____
_____
_____
_____
_____
_____

Wine Pairing: _____

From the Kitchen of: _____

# Recipe:

**Serving:** _____  **Prep Time:** _____

**Cook Time:** _____  **Temperature:** _____

## Ingredients:

_____

_____

_____

_____

_____

_____

_____

_____

_____

_____

_____

_____

_____

_____

_____

## Methods:

_____

_____

_____

_____

_____

_____

_____

_____

_____

_____

_____

_____

_____

_____

_____

**Wine Pairing:** _____

**From the Kitchen of:** _____

Recipe: _____

Serving: _____     Prep Time: _____

Cook Time: _____     Temperature: _____

Ingredients:                          Methods:

_____     _____
_____     _____
_____     _____
_____     _____
_____     _____
_____     _____
_____     _____
_____     _____
_____     _____
_____     _____
_____     _____
_____     _____
_____     _____
_____     _____
_____     _____
_____     _____

Wine Pairing: _____

From the Kitchen of: _____

Recipe: _____

Serving: _____     Prep Time: _____

Cook Time: _____     Temperature: _____

Ingredients:

_____

_____

_____

_____

_____

_____

_____

_____

_____

_____

_____

_____

_____

_____

_____

_____

Methods:

_____

_____

_____

_____

_____

_____

_____

_____

_____

_____

_____

_____

_____

_____

_____

_____

Wine Pairing: _____

From the Kitchen of: _____

**Recipe:** _____

**Serving:** _____     **Prep Time:** _____

**Cook Time:** _____     **Temperature:** _____

**Ingredients:**                    **Methods:**

_____          _____
_____          _____
_____          _____
_____          _____
_____          _____
_____          _____
_____          _____
_____          _____
_____          _____
_____          _____
_____          _____
_____          _____
_____          _____
_____          _____
_____          _____
_____          _____

**Wine Pairing:** _____

**From the Kitchen of:** _____

Recipe: _____

Serving: _____     Prep Time: _____

Cook Time: _____     Temperature: _____

Ingredients:                    Methods:

_____    _____
_____    _____
_____    _____
_____    _____
_____    _____
_____    _____
_____    _____
_____    _____
_____    _____
_____    _____
_____    _____
_____    _____
_____    _____
_____    _____
_____    _____
_____    _____

Wine Pairing: _____

From the Kitchen of: _____

Recipe: _____

Serving: _____    Prep Time: _____

Cook Time: _____    Temperature: _____

Ingredients:

_____
_____
_____
_____
_____
_____
_____
_____
_____
_____
_____
_____
_____
_____

Methods:

_____
_____
_____
_____
_____
_____
_____
_____
_____
_____
_____
_____
_____
_____

Wine Pairing: _____

From the Kitchen of: _____

Recipe: _____

Serving: _____     Prep Time: _____

Cook Time: _____     Temperature: _____

Ingredients:                    Methods:

_____    _____
_____    _____
_____    _____
_____    _____
_____    _____
_____    _____
_____    _____
_____    _____
_____    _____
_____    _____
_____    _____
_____    _____
_____    _____
_____    _____
_____    _____
_____    _____
_____    _____

Wine Pairing: _____

From the Kitchen of: _____

Recipe: _____

Serving: _____    Prep Time: _____

Cook Time: _____    Temperature: _____

Ingredients:                Methods:

_____    _____
_____    _____
_____    _____
_____    _____
_____    _____
_____    _____
_____    _____
_____    _____
_____    _____
_____    _____
_____    _____
_____    _____
_____    _____
_____    _____
_____    _____
_____    _____

Wine Pairing: _____

From the Kitchen of: _____

# Recipe:

**Serving:** _____     **Prep Time:** _____

**Cook Time:** _____     **Temperature:** _____

## Ingredients:

_____

_____

_____

_____

_____

_____

_____

_____

_____

_____

_____

_____

_____

_____

_____

_____

_____

## Methods:

_____

_____

_____

_____

_____

_____

_____

_____

_____

_____

_____

_____

_____

_____

_____

_____

_____

**Wine Pairing:** _____

**From the Kitchen of:** _____

**Recipe:** _____

**Serving:** _____  **Prep Time:** _____

**Cook Time:** _____  **Temperature:** _____

**Ingredients:**

_____
_____
_____
_____
_____
_____
_____
_____
_____
_____
_____
_____
_____
_____

**Methods:**

_____
_____
_____
_____
_____
_____
_____
_____
_____
_____
_____
_____
_____
_____

**Wine Pairing:** _____

**From the Kitchen of:** _____

Recipe: _____

Serving: _____     Prep Time: _____

Cook Time: _____     Temperature: _____

Ingredients:                    Methods:

_____     _____
_____     _____
_____     _____
_____     _____
_____     _____
_____     _____
_____     _____
_____     _____
_____     _____
_____     _____
_____     _____
_____     _____
_____     _____
_____     _____
_____     _____

Wine Pairing: _____

From the Kitchen of: _____

**Recipe:** _____

**Serving:** _____        **Prep Time:** _____

**Cook Time:** _____        **Temperature:** _____

**Ingredients:**                    **Methods:**

_____          _____
_____          _____
_____          _____
_____          _____
_____          _____
_____          _____
_____          _____
_____          _____
_____          _____
_____          _____
_____          _____
_____          _____
_____          _____
_____          _____
_____          _____
_____          _____

**Wine Pairing:** _____

**From the Kitchen of:** _____

Recipe: _____

Serving: _____     Prep Time: _____

Cook Time: _____   Temperature: _____

Ingredients:                 Methods:

_____      _____
_____      _____
_____      _____
_____      _____
_____      _____
_____      _____
_____      _____
_____      _____
_____      _____
_____      _____
_____      _____
_____      _____
_____      _____
_____      _____
_____      _____
_____      _____

Wine Pairing: _____

From the Kitchen of: _____

**Recipe:** _____

**Serving:** _____     **Prep Time:** _____

**Cook Time:** _____     **Temperature:** _____

**Ingredients:**

_____

_____

_____

_____

_____

_____

_____

_____

_____

_____

_____

_____

_____

_____

**Methods:**

_____

_____

_____

_____

_____

_____

_____

_____

_____

_____

_____

_____

_____

_____

**Wine Pairing:** _____

**From the Kitchen of:** _____

Recipe: _____

Serving: _____ Prep Time: _____

Cook Time: _____ Temperature: _____

Ingredients: Methods:

_____ _____
_____ _____
_____ _____
_____ _____
_____ _____
_____ _____
_____ _____
_____ _____
_____ _____
_____ _____
_____ _____
_____ _____
_____ _____
_____ _____
_____ _____

Wine Pairing: _____

From the Kitchen of: _____

Recipe: _____

Serving: _____     Prep Time: _____

Cook Time: _____     Temperature: _____

Ingredients:                    Methods:

_____    _____
_____    _____
_____    _____
_____    _____
_____    _____
_____    _____
_____    _____
_____    _____
_____    _____
_____    _____
_____    _____
_____    _____
_____    _____
_____    _____

Wine Pairing: _____

From the Kitchen of: _____

Recipe: _____

Serving: _____     Prep Time: _____

Cook Time: _____     Temperature: _____

Ingredients: | Methods:

_____ | _____
_____ | _____
_____ | _____
_____ | _____
_____ | _____
_____ | _____
_____ | _____
_____ | _____
_____ | _____
_____ | _____
_____ | _____
_____ | _____
_____ | _____

Wine Pairing: _____

From the Kitchen of: _____

Recipe: _____

Serving: _____     Prep Time: _____

Cook Time: _____     Temperature: _____

Ingredients:

_____
_____
_____
_____
_____
_____
_____
_____
_____
_____
_____
_____
_____
_____
_____

Methods:

_____
_____
_____
_____
_____
_____
_____
_____
_____
_____
_____
_____
_____
_____

Wine Pairing: _____

From the Kitchen of: _____

# Recipe:

**Serving:** _____   **Prep Time:** _____

**Cook Time:** _____   **Temperature:** _____

## Ingredients:

_____
_____
_____
_____
_____
_____
_____
_____
_____
_____
_____
_____
_____
_____
_____

## Methods:

_____
_____
_____
_____
_____
_____
_____
_____
_____
_____
_____
_____
_____
_____
_____

**Wine Pairing:** _____

**From the Kitchen of:** _____

**Recipe:** _____

**Serving:** _____     **Prep Time:** _____

**Cook Time:** _____     **Temperature:** _____

**Ingredients:**                     **Methods:**

_____     _____

_____     _____

_____     _____

_____     _____

_____     _____

_____     _____

_____     _____

_____     _____

_____     _____

_____     _____

_____     _____

_____     _____

_____     _____

_____     _____

_____     _____

**Wine Pairing:** _____

**From the Kitchen of:** _____

Recipe: _____

Serving: _____     Prep Time: _____

Cook Time: _____     Temperature: _____

Ingredients:                          Methods:

_____          _____
_____          _____
_____          _____
_____          _____
_____          _____
_____          _____
_____          _____
_____          _____
_____          _____
_____          _____
_____          _____
_____          _____
_____          _____
_____          _____
_____          _____
_____          _____

Wine Pairing: _____

From the Kitchen of: _____

Recipe: _____

Serving: _____     Prep Time: _____

Cook Time: _____     Temperature: _____

Ingredients:                          Methods:

_____          _____
_____          _____
_____          _____
_____          _____
_____          _____
_____          _____
_____          _____
_____          _____
_____          _____
_____          _____
_____          _____
_____          _____
_____          _____
_____          _____
_____          _____
_____          _____

Wine Pairing: _____

From the Kitchen of: _____

Recipe: _____

Serving: _____    Prep Time: _____

Cook Time: _____    Temperature: _____

Ingredients: | Methods:

Wine Pairing: _____

From the Kitchen of: _____

**Recipe:** _____

**Serving:** _____     **Prep Time:** _____

**Cook Time:** _____     **Temperature:** _____

**Ingredients:**                    **Methods:**

_____     _____
_____     _____
_____     _____
_____     _____
_____     _____
_____     _____
_____     _____
_____     _____
_____     _____
_____     _____
_____     _____
_____     _____
_____     _____
_____     _____

**Wine Pairing:** _____

**From the Kitchen of:** _____

Recipe: _____

Serving: _____  Prep Time: _____

Cook Time: _____  Temperature: _____

Ingredients:

_____
_____
_____
_____
_____
_____
_____
_____
_____
_____
_____
_____
_____
_____
_____
_____

Methods:

_____
_____
_____
_____
_____
_____
_____
_____
_____
_____
_____
_____
_____
_____
_____
_____

Wine Pairing: _____

From the Kitchen of: _____

Recipe: _____

Serving: _____  Prep Time: _____

Cook Time: _____  Temperature: _____

Ingredients:

_____
_____
_____
_____
_____
_____
_____
_____
_____
_____
_____
_____
_____
_____
_____

Methods:

_____
_____
_____
_____
_____
_____
_____
_____
_____
_____
_____
_____
_____
_____
_____

Wine Pairing: _____

From the Kitchen of: _____

Recipe: _____

Serving: _____   Prep Time: _____

Cook Time: _____   Temperature: _____

Ingredients:

_____

_____

_____

_____

_____

_____

_____

_____

_____

_____

_____

_____

_____

_____

_____

_____

Methods:

_____

_____

_____

_____

_____

_____

_____

_____

_____

_____

_____

_____

_____

_____

_____

_____

Wine Pairing: _____

From the Kitchen of: _____

Recipe: _____

Serving: _____  Prep Time: _____

Cook Time: _____  Temperature: _____

Ingredients:

_____
_____
_____
_____
_____
_____
_____
_____
_____
_____
_____
_____
_____
_____
_____
_____

Methods:

_____
_____
_____
_____
_____
_____
_____
_____
_____
_____
_____
_____
_____
_____
_____

Wine Pairing: _____

From the Kitchen of: _____

# Recipe:

**Serving:** _____     **Prep Time:** _____

**Cook Time:** _____     **Temperature:** _____

## Ingredients:

_____

_____

_____

_____

_____

_____

_____

_____

_____

_____

_____

_____

_____

_____

## Methods:

_____

_____

_____

_____

_____

_____

_____

_____

_____

_____

_____

_____

_____

_____

**Wine Pairing:** _____

**From the Kitchen of:** _____

Recipe: _____

Serving: _____  Prep Time: _____

Cook Time: _____  Temperature: _____

Ingredients:                    Methods:

_____          _____
_____          _____
_____          _____
_____          _____
_____          _____
_____          _____
_____          _____
_____          _____
_____          _____
_____          _____
_____          _____
_____          _____
_____          _____
_____          _____
_____          _____

Wine Pairing: _____

From the Kitchen of: _____

# Recipe:

**Serving:** _____     **Prep Time:** _____

**Cook Time:** _____     **Temperature:** _____

## Ingredients:

_____

_____

_____

_____

_____

_____

_____

_____

_____

_____

_____

_____

_____

## Methods:

_____

_____

_____

_____

_____

_____

_____

_____

_____

_____

_____

_____

_____

**Wine Pairing:** _____

**From the Kitchen of:** _____

Recipe: _____

Serving: _____     Prep Time: _____

Cook Time: _____     Temperature: _____

Ingredients:

_____

_____

_____

_____

_____

_____

_____

_____

_____

_____

_____

_____

_____

_____

_____

_____

Methods:

_____

_____

_____

_____

_____

_____

_____

_____

_____

_____

_____

_____

_____

_____

_____

_____

Wine Pairing: _____

From the Kitchen of: _____

**Recipe:** _____

**Serving:** _____     **Prep Time:** _____

**Cook Time:** _____     **Temperature:** _____

**Ingredients:**

_____

_____

_____

_____

_____

_____

_____

_____

_____

_____

_____

_____

_____

_____

_____

**Methods:**

_____

_____

_____

_____

_____

_____

_____

_____

_____

_____

_____

_____

_____

_____

_____

**Wine Pairing:** _____

**From the Kitchen of:** _____

Recipe: _____

Serving: _____    Prep Time: _____

Cook Time: _____    Temperature: _____

Ingredients: | Methods:

_____    _____
_____    _____
_____    _____
_____    _____
_____    _____
_____    _____
_____    _____
_____    _____
_____    _____
_____    _____
_____    _____
_____    _____
_____    _____
_____    _____
_____    _____

Wine Pairing: _____

From the Kitchen of: _____

**Recipe:** _____

**Serving:** _____  **Prep Time:** _____

**Cook Time:** _____  **Temperature:** _____

**Ingredients:** | **Methods:**

_____ | _____

**Wine Pairing:** _____

**From the Kitchen of:** _____

Recipe: _____

Serving: _____     Prep Time: _____

Cook Time: _____     Temperature: _____

Ingredients:                     Methods:

_____     _____
_____     _____
_____     _____
_____     _____
_____     _____
_____     _____
_____     _____
_____     _____
_____     _____
_____     _____
_____     _____
_____     _____
_____     _____
_____     _____
_____     _____
_____     _____

Wine Pairing: _____

From the Kitchen of: _____

Recipe: _____

Serving: _____     Prep Time: _____

Cook Time: _____     Temperature: _____

Ingredients:                          Methods:

_____      _____
_____      _____
_____      _____
_____      _____
_____      _____
_____      _____
_____      _____
_____      _____
_____      _____
_____      _____
_____      _____
_____      _____
_____      _____
_____      _____
_____      _____
_____      _____

Wine Pairing: _____

From the Kitchen of: _____

Recipe: _____

Serving: _____     Prep Time: _____

Cook Time: _____     Temperature: _____

Ingredients:

_____
_____
_____
_____
_____
_____
_____
_____
_____
_____
_____
_____
_____
_____
_____

Methods:

_____
_____
_____
_____
_____
_____
_____
_____
_____
_____
_____
_____
_____

Wine Pairing: _____

From the Kitchen of: _____

Recipe:

Serving: _____     Prep Time: _____

Cook Time: _____     Temperature: _____

Ingredients:                    Methods:

_____      _____
_____      _____
_____      _____
_____      _____
_____      _____
_____      _____
_____      _____
_____      _____
_____      _____
_____      _____
_____      _____
_____      _____
_____      _____
_____      _____
_____      _____
_____      _____

Wine Pairing: _____

From the Kitchen of: _____

Recipe: _____

Serving: _____     Prep Time: _____

Cook Time: _____     Temperature: _____

Ingredients:                    Methods:

_____      _____
_____      _____
_____      _____
_____      _____
_____      _____
_____      _____
_____      _____
_____      _____
_____      _____
_____      _____
_____      _____
_____      _____
_____      _____
_____      _____
_____      _____
_____      _____

Wine Pairing: _____

From the Kitchen of: _____

Recipe: _____

Serving: _____   Prep Time: _____

Cook Time: _____   Temperature: _____

Ingredients:                Methods:

_____   _____
_____   _____
_____   _____
_____   _____
_____   _____
_____   _____
_____   _____
_____   _____
_____   _____
_____   _____
_____   _____
_____   _____
_____   _____
_____   _____
_____   _____

Wine Pairing: _____

From the Kitchen of: _____

Recipe: _____

Serving: _____   Prep Time: _____

Cook Time: _____   Temperature: _____

Ingredients: | Methods:
_____ | _____
_____ | _____
_____ | _____
_____ | _____
_____ | _____
_____ | _____
_____ | _____
_____ | _____
_____ | _____
_____ | _____
_____ | _____
_____ | _____
_____ | _____
_____ | _____
_____ | _____
_____ | _____

Wine Pairing: _____

From the Kitchen of: _____

Recipe: _____

Serving: _____     Prep Time: _____

Cook Time: _____     Temperature: _____

Ingredients:

_____
_____
_____
_____
_____
_____
_____
_____
_____
_____
_____
_____
_____
_____
_____
_____

Methods:

_____
_____
_____
_____
_____
_____
_____
_____
_____
_____
_____
_____
_____
_____
_____
_____

Wine Pairing: _____

From the Kitchen of: _____

**Recipe:** _____

**Serving:** _____ **Prep Time:** _____

**Cook Time:** _____ **Temperature:** _____

**Ingredients:**

_____

_____

_____

_____

_____

_____

_____

_____

_____

_____

_____

_____

_____

_____

**Methods:**

_____

_____

_____

_____

_____

_____

_____

_____

_____

_____

_____

_____

**Wine Pairing:** _____

**From the Kitchen of:** _____

Recipe:

Serving: _____    Prep Time: _____

Cook Time: _____    Temperature: _____

Ingredients:                    Methods:

**Recipe:** _____

**Serving:** _____   **Prep Time:** _____

**Cook Time:** _____   **Temperature:** _____

**Ingredients:**                    **Methods:**

_____    _____
_____    _____
_____    _____
_____    _____
_____    _____
_____    _____
_____    _____
_____    _____
_____    _____
_____    _____
_____    _____
_____    _____
_____    _____
_____    _____
_____    _____
_____    _____

**Wine Pairing:** _____

**From the Kitchen of:** _____

Recipe:

Serving: _____ Prep Time: _____

Cook Time: _____ Temperature: _____

Ingredients:

Methods:

Wine Pairing: _____

From the Kitchen of: _____

Recipe: _____

Serving: _____  Prep Time: _____

Cook Time: _____  Temperature: _____

Ingredients:  Methods:

_____  _____
_____  _____
_____  _____
_____  _____
_____  _____
_____  _____
_____  _____
_____  _____
_____  _____
_____  _____
_____  _____
_____  _____
_____  _____
_____  _____

Wine Pairing: _____

From the Kitchen of: _____

# Recipe:

**Serving:** _____   **Prep Time:** _____

**Cook Time:** _____   **Temperature:** _____

**Ingredients:** | **Methods:**

_____

_____

_____

_____

_____

_____

_____

_____

_____

_____

_____

_____

_____

_____

_____

**Wine Pairing:** _____

**From the Kitchen of:** _____

Recipe: _____

Serving: _____      Prep Time: _____

Cook Time: _____      Temperature: _____

Ingredients:                     Methods:

_____      _____
_____      _____
_____      _____
_____      _____
_____      _____
_____      _____
_____      _____
_____      _____
_____      _____
_____      _____
_____      _____
_____      _____
_____      _____
_____      _____

Wine Pairing: _____

From the Kitchen of: _____

# Recipe:

**Serving:**

**Cook Time:**

**Prep Time:**

**Temperature:**

## Ingredients:

## Methods:

**Wine Pairing:**

**From the Kitchen of:**

**Recipe:** _____

**Serving:** _____     **Prep Time:** _____

**Cook Time:** _____     **Temperature:** _____

**Ingredients:**                 **Methods:**

_____     _____
_____     _____
_____     _____
_____     _____
_____     _____
_____     _____
_____     _____
_____     _____
_____     _____
_____     _____
_____     _____
_____     _____
_____     _____
_____     _____
_____     _____
_____     _____

**Wine Pairing:** _____

**From the Kitchen of:** _____

Recipe: _____

Serving: _____     Prep Time: _____

Cook Time: _____     Temperature: _____

Ingredients:

_____

_____

_____

_____

_____

_____

_____

_____

_____

_____

_____

_____

_____

Methods:

_____

_____

_____

_____

_____

_____

_____

_____

_____

_____

_____

_____

_____

Wine Pairing: _____

From the Kitchen of: _____

**Recipe:** _____

**Serving:** _____   **Prep Time:** _____

**Cook Time:** _____   **Temperature:** _____

**Ingredients:**

_____

_____

_____

_____

_____

_____

_____

_____

_____

_____

_____

_____

_____

_____

_____

**Methods:**

_____

_____

_____

_____

_____

_____

_____

_____

_____

_____

_____

_____

_____

_____

_____

**Wine Pairing:** _____

**From the Kitchen of:** _____

Recipe: _____

Serving: _____  Prep Time: _____

Cook Time: _____  Temperature: _____

Ingredients:                    Methods:
_____    _____
_____    _____
_____    _____
_____    _____
_____    _____
_____    _____
_____    _____
_____    _____
_____    _____
_____    _____
_____    _____
_____    _____
_____    _____
_____    _____
_____    _____
_____    _____

Wine Pairing: _____

From the Kitchen of: _____

**Recipe:** _____

**Serving:** _____  **Prep Time:** _____

**Cook Time:** _____  **Temperature:** _____

**Ingredients:**  **Methods:**

_____  _____
_____  _____
_____  _____
_____  _____
_____  _____
_____  _____
_____  _____
_____  _____
_____  _____
_____  _____
_____  _____
_____  _____
_____  _____
_____  _____
_____  _____
_____  _____

**Wine Pairing:** _____

**From the Kitchen of:** _____

Recipe:

Serving: _____ Prep Time: _____

Cook Time: _____ Temperature: _____

Ingredients: Methods:

Wine Pairing: _____

From the Kitchen of: _____

Recipe: _____

Serving: _____     Prep Time: _____

Cook Time: _____     Temperature: _____

Ingredients: _____     Methods: _____

_____     _____
_____     _____
_____     _____
_____     _____
_____     _____
_____     _____
_____     _____
_____     _____
_____     _____
_____     _____
_____     _____
_____     _____
_____     _____
_____     _____
_____     _____

Wine Pairing: _____

From the Kitchen of: _____

Recipe: _____

Serving: _____    Prep Time: _____

Cook Time: _____    Temperature: _____

Ingredients:

_____
_____
_____
_____
_____
_____
_____
_____
_____
_____
_____
_____
_____
_____
_____

Methods:

_____
_____
_____
_____
_____
_____
_____
_____
_____
_____
_____
_____
_____
_____
_____

Wine Pairing: _____

From the Kitchen of: _____

Recipe: _____

Serving: _____     Prep Time: _____

Cook Time: _____     Temperature: _____

Ingredients:                 Methods:

_____     _____
_____     _____
_____     _____
_____     _____
_____     _____
_____     _____
_____     _____
_____     _____
_____     _____
_____     _____
_____     _____
_____     _____
_____     _____
_____     _____
_____     _____
_____     _____

Wine Pairing: _____

From the Kitchen of: _____

Recipe: _____

Serving: _____     Prep Time: _____

Cook Time: _____   Temperature: _____

Ingredients:                 Methods:
_____      _____
_____      _____
_____      _____
_____      _____
_____      _____
_____      _____
_____      _____
_____      _____
_____      _____
_____      _____
_____      _____
_____      _____
_____      _____
_____      _____
_____      _____
_____      _____

Wine Pairing: _____

From the Kitchen of: _____

Recipe: _____

Serving: _____     Prep Time: _____

Cook Time: _____     Temperature: _____

Ingredients:

_____
_____
_____
_____
_____
_____
_____
_____
_____
_____
_____
_____
_____
_____
_____

Methods:

_____
_____
_____
_____
_____
_____
_____
_____
_____
_____
_____
_____
_____
_____
_____

Wine Pairing: _____

From the Kitchen of: _____

Recipe:

Serving: _____   Prep Time: _____

Cook Time: _____   Temperature: _____

Ingredients:                 Methods:

Wine Pairing: _____

From the Kitchen of: _____

Recipe: _____

Serving: _____  Prep Time: _____

Cook Time: _____  Temperature: _____

Ingredients:

_____
_____
_____
_____
_____
_____
_____
_____
_____
_____
_____
_____
_____
_____

Methods:

_____
_____
_____
_____
_____
_____
_____
_____
_____
_____
_____
_____
_____
_____

Wine Pairing: _____

From the Kitchen of: _____

Recipe:

Serving: _____  Prep Time: _____

Cook Time: _____  Temperature: _____

Ingredients:                    Methods:
_____        _____
_____        _____
_____        _____
_____        _____
_____        _____
_____        _____
_____        _____
_____        _____
_____        _____
_____        _____
_____        _____
_____        _____
_____        _____
_____        _____
_____        _____
_____        _____

Wine Pairing: _____

From the Kitchen of: _____

**Recipe:** _____

**Serving:** _____   **Prep Time:** _____

**Cook Time:** _____   **Temperature:** _____

**Ingredients:**

_____

_____

_____

_____

_____

_____

_____

_____

_____

_____

_____

_____

_____

_____

_____

_____

**Methods:**

_____

_____

_____

_____

_____

_____

_____

_____

_____

_____

_____

_____

_____

_____

_____

_____

**Wine Pairing:** _____

**From the Kitchen of:** _____

Recipe: _____

Serving: _____     Prep Time: _____

Cook Time: _____     Temperature: _____

Ingredients:     Methods:

_____     _____
_____     _____
_____     _____
_____     _____
_____     _____
_____     _____
_____     _____
_____     _____
_____     _____
_____     _____
_____     _____
_____     _____
_____     _____
_____     _____
_____     _____
_____     _____

Wine Pairing: _____

From the Kitchen of: _____

**Recipe:** _____

**Serving:** _____     **Prep Time:** _____

**Cook Time:** _____     **Temperature:** _____

**Ingredients:**

_____
_____
_____
_____
_____
_____
_____
_____
_____
_____
_____
_____
_____
_____
_____
_____

**Methods:**

_____
_____
_____
_____
_____
_____
_____
_____
_____
_____
_____
_____
_____
_____
_____
_____

**Wine Pairing:** _____

**From the Kitchen of:** _____

Recipe: _____

Serving: _____  Prep Time: _____

Cook Time: _____  Temperature: _____

Ingredients:

_____
_____
_____
_____
_____
_____
_____
_____
_____
_____
_____
_____
_____

Methods:

_____
_____
_____
_____
_____
_____
_____
_____
_____
_____
_____
_____
_____

Wine Pairing: _____

From the Kitchen of: _____

**Recipe:** _____

**Serving:** _____    **Prep Time:** _____

**Cook Time:** _____    **Temperature:** _____

**Ingredients:**

_____

_____

_____

_____

_____

_____

_____

_____

_____

_____

_____

_____

_____

_____

**Methods:**

_____

_____

_____

_____

_____

_____

_____

_____

_____

_____

_____

_____

_____

_____

**Wine Pairing:** _____

**From the Kitchen of:** _____

Recipe: _____

Serving: _____     Prep Time: _____

Cook Time: _____     Temperature: _____

Ingredients:                    Methods:

_____     _____
_____     _____
_____     _____
_____     _____
_____     _____
_____     _____
_____     _____
_____     _____
_____     _____
_____     _____
_____     _____
_____     _____
_____     _____
_____     _____
_____     _____

Wine Pairing: _____

From the Kitchen of: _____

**Recipe:** _____

**Serving:** _____  **Prep Time:** _____

**Cook Time:** _____  **Temperature:** _____

**Ingredients:**

_____

_____

_____

_____

_____

_____

_____

_____

_____

_____

_____

_____

_____

_____

_____

**Methods:**

_____

_____

_____

_____

_____

_____

_____

_____

_____

_____

_____

_____

_____

_____

_____

**Wine Pairing:** _____

**From the Kitchen of:** _____

Recipe: _____

Serving: _____ Prep Time: _____

Cook Time: _____ Temperature: _____

Ingredients:

_____

_____

_____

_____

_____

_____

_____

_____

_____

_____

_____

_____

_____

Methods:

_____

_____

_____

_____

_____

_____

_____

_____

_____

_____

_____

_____

_____

Wine Pairing: _____

From the Kitchen of: _____

Recipe: _____

Serving: _____  Prep Time: _____

Cook Time: _____  Temperature: _____

Ingredients:  Methods:

_____  _____
_____  _____
_____  _____
_____  _____
_____  _____
_____  _____
_____  _____
_____  _____
_____  _____
_____  _____
_____  _____
_____  _____
_____  _____
_____  _____
_____  _____
_____  _____

Wine Pairing: _____

From the Kitchen of: _____

Recipe: _____

Serving: _____     Prep Time: _____

Cook Time: _____     Temperature: _____

Ingredients:                     Methods:

_____     _____
_____     _____
_____     _____
_____     _____
_____     _____
_____     _____
_____     _____
_____     _____
_____     _____
_____     _____
_____     _____
_____     _____
_____     _____
_____     _____
_____     _____
_____     _____

Wine Pairing: _____

From the Kitchen of: _____

Recipe: _____

Serving: _____      Prep Time: _____

Cook Time: _____      Temperature: _____

Ingredients:                    Methods:
_____          _____
_____          _____
_____          _____
_____          _____
_____          _____
_____          _____
_____          _____
_____          _____
_____          _____
_____          _____
_____          _____
_____          _____
_____          _____
_____          _____
_____          _____

Wine Pairing: _____

From the Kitchen of: _____

Recipe: _____

Serving: _____     Prep Time: _____

Cook Time: _____     Temperature: _____

Ingredients:     Methods:

_____     _____
_____     _____
_____     _____
_____     _____
_____     _____
_____     _____
_____     _____
_____     _____
_____     _____
_____     _____
_____     _____
_____     _____
_____     _____
_____     _____
_____     _____
_____     _____
_____     _____

Wine Pairing: _____

From the Kitchen of: _____

Recipe: _____

Serving: _____    Prep Time: _____

Cook Time: _____    Temperature: _____

Ingredients:                  Methods:

_____       _____
_____       _____
_____       _____
_____       _____
_____       _____
_____       _____
_____       _____
_____       _____
_____       _____
_____       _____
_____       _____
_____       _____
_____       _____
_____       _____
_____       _____
_____       _____

Wine Pairing: _____

From the Kitchen of: _____

Recipe:

Serving: _____     Prep Time: _____

Cook Time: _____     Temperature: _____

Ingredients:                    Methods:

_____                 _____
_____                 _____
_____                 _____
_____                 _____
_____                 _____
_____                 _____
_____                 _____
_____                 _____
_____                 _____
_____                 _____
_____                 _____
_____                 _____
_____                 _____
_____                 _____
_____                 _____
_____                 _____

Wine Pairing: _____

From the Kitchen of: _____

Recipe: _____

Serving: _____     Prep Time: _____

Cook Time: _____     Temperature: _____

Ingredients:                    Methods:

_____     _____
_____     _____
_____     _____
_____     _____
_____     _____
_____     _____
_____     _____
_____     _____
_____     _____
_____     _____
_____     _____
_____     _____
_____     _____
_____     _____
_____     _____
_____     _____

Wine Pairing: _____

From the Kitchen of: _____

Recipe:

Serving: _____     Prep Time: _____

Cook Time: _____     Temperature: _____

Ingredients:                    Methods:

_____     _____
_____     _____
_____     _____
_____     _____
_____     _____
_____     _____
_____     _____
_____     _____
_____     _____
_____     _____
_____     _____
_____     _____
_____     _____
_____     _____
_____     _____
_____     _____
_____     _____

Wine Pairing: _____

From the Kitchen of: _____

**Recipe:** _____

**Serving:** _____ **Prep Time:** _____

**Cook Time:** _____ **Temperature:** _____

**Ingredients:**

_____

_____

_____

_____

_____

_____

_____

_____

_____

_____

_____

_____

_____

_____

_____

_____

**Methods:**

_____

_____

_____

_____

_____

_____

_____

_____

_____

_____

_____

_____

_____

_____

_____

_____

**Wine Pairing:** _____

**From the Kitchen of:** _____

Recipe: _____

Serving: _____     Prep Time: _____

Cook Time: _____     Temperature: _____

Ingredients:     Methods:

_____     _____
_____     _____
_____     _____
_____     _____
_____     _____
_____     _____
_____     _____
_____     _____
_____     _____
_____     _____
_____     _____
_____     _____
_____     _____
_____     _____

Wine Pairing: _____

From the Kitchen of: _____

Recipe: _____

Serving: _____     Prep Time: _____

Cook Time: _____     Temperature: _____

Ingredients:                Methods:

_____    _____
_____    _____
_____    _____
_____    _____
_____    _____
_____    _____
_____    _____
_____    _____
_____    _____
_____    _____
_____    _____
_____    _____
_____    _____
_____    _____
_____    _____
_____    _____

Wine Pairing: _____

From the Kitchen of: _____

Recipe:

Serving: _____ Prep Time: _____

Cook Time: _____ Temperature: _____

Ingredients: Methods:

_____ _____
_____ _____
_____ _____
_____ _____
_____ _____
_____ _____
_____ _____
_____ _____
_____ _____
_____ _____
_____ _____
_____ _____
_____ _____
_____ _____
_____ _____
_____ _____

Wine Pairing: _____

From the Kitchen of: _____

**Recipe:** _____

**Serving:** _____ **Prep Time:** _____

**Cook Time:** _____ **Temperature:** _____

**Ingredients:** | **Methods:**

_____ _____

_____ _____

_____ _____

_____ _____

_____ _____

_____ _____

_____ _____

_____ _____

_____ _____

_____ _____

_____ _____

_____ _____

_____ _____

_____ _____

_____ _____

_____ _____

**Wine Pairing:** _____

**From the Kitchen of:** _____

Recipe: _____

Serving: _____ Prep Time: _____

Cook Time: _____ Temperature: _____

Ingredients: Methods:

_____ _____
_____ _____
_____ _____
_____ _____
_____ _____
_____ _____
_____ _____
_____ _____
_____ _____
_____ _____
_____ _____
_____ _____
_____ _____
_____ _____

Wine Pairing: _____

From the Kitchen of: _____

Recipe: _____

Serving: _____     Prep Time: _____

Cook Time: _____     Temperature: _____

Ingredients: | Methods:

_____     _____

_____     _____

_____     _____

_____     _____

_____     _____

_____     _____

_____     _____

_____     _____

_____     _____

_____     _____

_____     _____

_____     _____

_____     _____

_____     _____

_____     _____

_____     _____

Wine Pairing: _____

From the Kitchen of: _____

Recipe: _____

Serving: _____     Prep Time: _____

Cook Time: _____     Temperature: _____

Ingredients:                    Methods:

_____    _____
_____    _____
_____    _____
_____    _____
_____    _____
_____    _____
_____    _____
_____    _____
_____    _____
_____    _____
_____    _____
_____    _____
_____    _____
_____    _____
_____    _____

Wine Pairing: _____

From the Kitchen of: _____

**Recipe:** _____

**Serving:** _____    **Prep Time:** _____

**Cook Time:** _____    **Temperature:** _____

**Ingredients:**

_____
_____
_____
_____
_____
_____
_____
_____
_____
_____
_____
_____
_____
_____
_____
_____

**Methods:**

_____
_____
_____
_____
_____
_____
_____
_____
_____
_____
_____
_____
_____
_____
_____

**Wine Pairing:** _____

**From the Kitchen of:** _____

# Recipe:

Serving: _____     Prep Time: _____

Cook Time: _____     Temperature: _____

## Ingredients:

_____

_____

_____

_____

_____

_____

_____

_____

_____

_____

_____

_____

_____

_____

_____

_____

## Methods:

_____

_____

_____

_____

_____

_____

_____

_____

_____

_____

_____

_____

_____

_____

_____

_____

Wine Pairing: _____

From the Kitchen of: _____

**Recipe:**

**Serving:** _____  **Prep Time:** _____

**Cook Time:** _____  **Temperature:** _____

**Ingredients:**

_____

_____

_____

_____

_____

_____

_____

_____

_____

_____

_____

_____

_____

_____

_____

**Methods:**

_____

_____

_____

_____

_____

_____

_____

_____

_____

_____

_____

_____

_____

_____

_____

**Wine Pairing:** _____

**From the Kitchen of:** _____

# Recipe:

**Serving:** _____     **Prep Time:** _____

**Cook Time:** _____     **Temperature:** _____

**Ingredients:**

_____

_____

_____

_____

_____

_____

_____

_____

_____

_____

_____

_____

_____

**Methods:**

_____

_____

_____

_____

_____

_____

_____

_____

_____

_____

_____

_____

_____

**Wine Pairing:** _____

**From the Kitchen of:** _____

Recipe: _____

Serving: _____    Prep Time: _____

Cook Time: _____    Temperature: _____

Ingredients:

_____    Methods:

_____    _____

_____    _____

_____    _____

_____    _____

_____    _____

_____    _____

_____    _____

_____    _____

_____    _____

_____    _____

_____    _____

_____    _____

_____    _____

_____    _____

_____    _____

Wine Pairing: _____

From the Kitchen of: _____

Recipe: _____

Serving: _____     Prep Time: _____

Cook Time: _____     Temperature: _____

Ingredients:                    Methods:

_____     _____
_____     _____
_____     _____
_____     _____
_____     _____
_____     _____
_____     _____
_____     _____
_____     _____
_____     _____
_____     _____
_____     _____
_____     _____
_____     _____
_____     _____

Wine Pairing: _____

From the Kitchen of: _____

**Recipe:** _____

**Serving:** _____  **Prep Time:** _____

**Cook Time:** _____  **Temperature:** _____

**Ingredients:**

_____

_____

_____

_____

_____

_____

_____

_____

_____

_____

_____

_____

_____

_____

_____

_____

_____

**Methods:**

_____

_____

_____

_____

_____

_____

_____

_____

_____

_____

_____

_____

_____

_____

_____

_____

_____

**Wine Pairing:** _____

**From the Kitchen of:** _____

Recipe: _____

Serving: _____     Prep Time: _____

Cook Time: _____     Temperature: _____

Ingredients:                    Methods:

_____     _____
_____     _____
_____     _____
_____     _____
_____     _____
_____     _____
_____     _____
_____     _____
_____     _____
_____     _____
_____     _____
_____     _____
_____     _____
_____     _____
_____     _____
_____     _____
_____     _____

Wine Pairing: _____

From the Kitchen of: _____

Recipe: _____

Serving: _____  Prep Time: _____

Cook Time: _____  Temperature: _____

Ingredients:  Methods:

_____  _____
_____  _____
_____  _____
_____  _____
_____  _____
_____  _____
_____  _____
_____  _____
_____  _____
_____  _____
_____  _____
_____  _____
_____  _____
_____  _____
_____  _____
_____  _____

Wine Pairing: _____

From the Kitchen of: _____

Recipe: _____

Serving: _____     Prep Time: _____

Cook Time: _____     Temperature: _____

Ingredients:                    Methods:

_____     _____
_____     _____
_____     _____
_____     _____
_____     _____
_____     _____
_____     _____
_____     _____
_____     _____
_____     _____
_____     _____
_____     _____
_____     _____
_____     _____
_____     _____
_____     _____
_____     _____
_____

Wine Pairing: _____

From the Kitchen of: _____

**Recipe:** _____

**Serving:** _____   **Prep Time:** _____

**Cook Time:** _____   **Temperature:** _____

**Ingredients:**

_____

_____

_____

_____

_____

_____

_____

_____

_____

_____

_____

_____

_____

_____

_____

_____

**Methods:**

_____

_____

_____

_____

_____

_____

_____

_____

_____

_____

_____

_____

_____

_____

_____

_____

**Wine Pairing:** _____

**From the Kitchen of:** _____

Recipe: _____

Serving: _____  Prep Time: _____

Cook Time: _____  Temperature: _____

Ingredients:  Methods:

_____  _____
_____  _____
_____  _____
_____  _____
_____  _____
_____  _____
_____  _____
_____  _____
_____  _____
_____  _____
_____  _____
_____  _____
_____  _____
_____  _____
_____  _____
_____  _____

Wine Pairing: _____

From the Kitchen of: _____

Recipe: _____

Serving: _____  Prep Time: _____

Cook Time: _____  Temperature: _____

Ingredients:  Methods:

_____  _____
_____  _____
_____  _____
_____  _____
_____  _____
_____  _____
_____  _____
_____  _____
_____  _____
_____  _____
_____  _____
_____  _____
_____  _____
_____  _____
_____  _____
_____  _____

Wine Pairing: _____

From the Kitchen of: _____

Recipe: _____

Serving: _____     Prep Time: _____

Cook Time: _____     Temperature: _____

Ingredients:                      Methods:

_____     _____
_____     _____
_____     _____
_____     _____
_____     _____
_____     _____
_____     _____
_____     _____
_____     _____
_____     _____
_____     _____
_____     _____
_____     _____
_____     _____
_____     _____
_____     _____
_____     _____

Wine Pairing: _____

From the Kitchen of: _____

Recipe: _____

Serving: _____ Prep Time: _____

Cook Time: _____ Temperature: _____

Ingredients: _____

Methods: _____

Wine Pairing: _____

From the Kitchen of: _____

Recipe: _____

Serving: _____  Prep Time: _____

Cook Time: _____  Temperature: _____

Ingredients:  Methods:

_____  _____
_____  _____
_____  _____
_____  _____
_____  _____
_____  _____
_____  _____
_____  _____
_____  _____
_____  _____
_____  _____
_____  _____
_____  _____
_____  _____
_____  _____
_____  _____

Wine Pairing: _____

From the Kitchen of: _____

**Recipe:** _____

**Serving:** _____  **Prep Time:** _____

**Cook Time:** _____  **Temperature:** _____

**Ingredients:**

_____
_____
_____
_____
_____
_____
_____
_____
_____
_____
_____
_____
_____
_____
_____

**Methods:**

_____
_____
_____
_____
_____
_____
_____
_____
_____
_____
_____
_____
_____
_____
_____

**Wine Pairing:** _____

**From the Kitchen of:** _____

Recipe: _____

Serving: _____     Prep Time: _____

Cook Time: _____     Temperature: _____

Ingredients:

_____
_____
_____
_____
_____
_____
_____
_____
_____
_____
_____
_____
_____
_____
_____

Methods:

_____
_____
_____
_____
_____
_____
_____
_____
_____
_____
_____
_____
_____
_____
_____

Wine Pairing: _____

From the Kitchen of: _____

# Recipe:

**Serving:** _____  **Prep Time:** _____

**Cook Time:** _____  **Temperature:** _____

## Ingredients:

_____

_____

_____

_____

_____

_____

_____

_____

_____

_____

_____

_____

_____

_____

_____

## Methods:

_____

_____

_____

_____

_____

_____

_____

_____

_____

_____

_____

_____

_____

_____

_____

**Wine Pairing:** _____

**From the Kitchen of:** _____

Recipe:

Serving: _____    Prep Time: _____

Cook Time: _____    Temperature: _____

Ingredients:                Methods:

_____             _____
_____             _____
_____             _____
_____             _____
_____             _____
_____             _____
_____             _____
_____             _____
_____             _____
_____             _____
_____             _____
_____             _____
_____             _____
_____             _____
_____             _____
_____             _____

Wine Pairing: _____

From the Kitchen of: _____

Recipe: _____

Serving: _____     Prep Time: _____

Cook Time: _____     Temperature: _____

Ingredients: _____     Methods: _____

_____     _____
_____     _____
_____     _____
_____     _____
_____     _____
_____     _____
_____     _____
_____     _____
_____     _____
_____     _____
_____     _____
_____     _____
_____     _____
_____     _____
_____     _____

Wine Pairing: _____

From the Kitchen of: _____

Recipe: _____

Serving: _____  Prep Time: _____

Cook Time: _____  Temperature: _____

Ingredients:

_____
_____
_____
_____
_____
_____
_____
_____
_____
_____
_____
_____
_____
_____

Methods:

_____
_____
_____
_____
_____
_____
_____
_____
_____
_____
_____
_____
_____

Wine Pairing: _____

From the Kitchen of: _____

**Recipe:** _____

**Serving:** _____  **Prep Time:** _____

**Cook Time:** _____  **Temperature:** _____

**Ingredients:**

_____

_____

_____

_____

_____

_____

_____

_____

_____

_____

_____

_____

_____

_____

_____

_____

**Methods:**

_____

_____

_____

_____

_____

_____

_____

_____

_____

_____

_____

_____

_____

_____

_____

_____

**Wine Pairing:** _____

**From the Kitchen of:** _____

Recipe:

Serving: _____     Prep Time: _____

Cook Time: _____     Temperature: _____

Ingredients:                  Methods:

_____       _____
_____       _____
_____       _____
_____       _____
_____       _____
_____       _____
_____       _____
_____       _____
_____       _____
_____       _____
_____       _____
_____       _____
_____       _____
_____       _____
_____       _____

Wine Pairing: _____

From the Kitchen of: _____

Recipe: _____

Serving: _____   Prep Time: _____

Cook Time: _____   Temperature: _____

Ingredients:

_____

_____

_____

_____

_____

_____

_____

_____

_____

_____

_____

_____

_____

_____

_____

_____

Methods:

_____

_____

_____

_____

_____

_____

_____

_____

_____

_____

_____

_____

_____

_____

_____

_____

Wine Pairing: _____

From the Kitchen of: _____

Recipe: _____

Serving: _____ Prep Time: _____

Cook Time: _____ Temperature: _____

Ingredients: Methods:

Wine Pairing: _____

From the Kitchen of: _____

Recipe: _____

Serving: _____    Prep Time: _____

Cook Time: _____    Temperature: _____

Ingredients:

_____
_____
_____
_____
_____
_____
_____
_____
_____
_____
_____
_____
_____
_____

Methods:

_____
_____
_____
_____
_____
_____
_____
_____
_____
_____
_____
_____
_____
_____

Wine Pairing: _____

From the Kitchen of: _____

Made in the USA
Las Vegas, NV
05 October 2021